AF258687

DEUXIÈME PÉTITION

Adressée à

M. le Gouverneur du Sénégal.

BORDEAUX,
IMPRIMERIE DE Mme VEUVE CRUGY,
Rue et hôtel Saint-Siméon, 16.
1854

DEUXIÈME PÉTITION

A M. LE GOUVERNEUR DU SÉNÉGAL.

MONSIEUR LE GOUVERNEUR,

Le 8 décembre 1851, nous avons eu l'honneur de vous demander :

La suppression des escales où se fait la traite de la gomme ;

La création de deux établissements fortifiés sur les bords du fleuve, un dans le Wallo et l'autre dans le Fouta ;

Des concessions de terrain autour de ces établissements pour les commerçants et les cultivateurs qui en feront la demande ;

La liberté pour tous d'acheter pendant toute l'année la gomme et les autres produits ;

Le paiement aux Maures d'une seule coutume fixe, par l'intermédiaire du Gouvernement ;

Une protection réelle, efficace, à accorder au Wallo, contre les Maures, conformément aux traités existants, ainsi qu'aux autres peuplades de la rive gauche ;

Deux remorqueurs à vapeur, un pour Galam et l'autre pour la barre du Sénégal ;

Enfin, une étude sérieuse, pendant la saison sèche, des difficultés à vaincre pour rendre le fleuve navigable pendant toute l'année.

Tels sont, Monsieur le Gouverneur, les vœux que nous vous exprimions, et que vous avez eu la bonté de transmettre à M. le Ministre de la Marine.

M. le Ministre de la Marine a pris nos vœux en sérieuse considération, et il accorde à la colonie les fonds et les forces nécessaires pour la régénérer entièrement. M. le Ministre va même, dans sa sollicitude pour l'avenir de ce vaste pays, bien au-delà de ce que nous demandions, afin de nous conduire d'une manière plus sûre au but que nous désirons atteindre depuis tant d'années. Veuillez transmettre à M. le Ministre nos remercîments bien sincères, Monsieur le Gouverneur, et être auprès de lui l'interprète de tous nos sentiments de gratitude et de bien vive reconnaissance.

Et vous, Monsieur le Gouverneur, vous qui êtes chargé de la noble mission de régénérer ce pays, vous qui avez contribué à nous faire accorder ce que nous obtenons aujourd'hui, veuillez aussi agréer nos remercîments.

Maintenant que, muni des instructions ministérielles, vous avez en mains les forces suffisantes et les pouvoirs nécessaires pour faire connaître nos droits aux peuplades voisines et respecter dans le fleuve notre souveraineté partout méconnue, vous nous permettrez, Monsieur le Gouverneur, à nous qui sommes le plus directement intéressés à la réussite de l'entreprise confiée à votre direction, vous nous permettrez de vous soumettre quelques respectueuses observations, afin de bien vous faire comprendre ce que désire le pays et ce qu'il attend de votre haute expérience et de votre sollicitude éclairée pour ses plus chers intérêts.

Ce que veut le pays, c'est la suppression des abus commis journellement dans le fleuve, c'est la conquête d'une influence perdue, c'est le respect pour l'Autorité française et les commerçants français, c'est enfin une réforme et une régénération complètes.

Ce qu'il ne veut pas, ce qu'il repousse, c'est le maintien de ce qui existe, c'est l'emploi des demi-mesures, c'est, en un mot, ce qu'on pourrait appeler la consolidation des ruines du régime politique et commercial actuel.

Nous désirons, en conséquence, Monsieur le Gouverneur, un

remaniement complet, afin d'arriver à constituer un ordre de choses susceptible de stabilité et de durée, et favorable en même temps au développement et au progrès. Mais, avant d'aller plus loin, permettez-nous de vous faire connaître l'état désespérant de ce qui existe actuellement.

La colonie ayant des relations très-suivies avec le Cayor, le Wallo, le Fouta, sur la rive gauche du fleuve, et avec les Maures Trarzas et Bracknas, sur la rive droite, nous allons examiner notre situation commerciale et politique vis-à-vis de chacun de ces pays, vis-à-vis de chacune de ces peuplades ; mais d'abord jetons un simple coup-d'œil sur l'ensemble des abus que nous avons à déplorer.

A peine sortis de l'île, les Français, représentants du Gouvernement ou simples commerçants, sont méprisés par les moindres chefs de village et dédaigneusement traités de *chiens* et de tributaires.

Nous avons beau payer des coutumes à tous les pays voisins, — c'est bien là le tort, — cela ne suffit point : on exige de nouveaux droits, non seulement pour nous permettre de couper du bois à brûler sur des terrains neutres, mais encore pour nous laisser prendre du sable au bord de l'eau. Il n'est pas jusqu'à l'Alcaty d'un village voisin qui ne se croie fondé à réclamer des coutumes à nos cultivateurs établis sur l'île de Sor, et même à notre Gouvernement, en raison d'un prétendu droit de propriété sur l'île où se trouve bâtie la ville de Saint-Louis. Tout cela serait peu de chose, si nous trouvions dans une grande sécurité pour

notre commerce quelques compensations aux affronts que nous
font subir les principicules de notre fleuve. Mais la sécurité est
pour tout pays la compagne inséparable du respect : ce qui se
passe journellement autour de nous en est une preuve malheu-
reusement trop certaine. En effet, nos officiers sont inquiétés
jusque dans nos postes du fleuve, faute d'avoir une garnison, car
on ne peut donner ce nom à une réunion de sept ou huit soldats ;
aussi nous enlève-t-on quelquefois des bestiaux, à main armée,
à une très-faible distance des forts. De temps en temps on nous
pille des embarcations, et nous ne pouvons obtenir, malgré nos
instances, la simple restitution de ces pillages. Pour y parvenir,
on a souvent été obligé d'augmenter les coutumes ; de sorte qu'au
résultat, les méfaits des peuplades voisines ont reçu, d'une manière indirecte, des encouragements. Tous les jours les chefs du
Fouta se permettent d'arrêter nos navires en cours de voyage, et
en obtiennent des cadeaux forcés par la menace et par la vio-
lence. Quand ces chefs sont appelés en conférence par les officiers
aides-de-camp du Gouvernement, ils affectent de se faire longtemps attendre, ils n'accordent d'audience qu'avec dédain, et
quelquefois seulement après avoir au préalable reçu des cadeaux.
Pas une année ne se passe sans que les Maures ou les gens du
Cayor ne pillent nos navires naufragés sur la côte ; et, non con-
tents de s'approprier des cargaisons tout entières, ils maltraitent
nos équipages et ne nous les remettent que moyennant bonne
rançon. Ce n'est cependant pas la force qui donne tant d'audace
aux peuplades voisines, mais bien l'habitude de l'impunité.

Nous venons de vous donner une idée générale, Monsieur le
Gouverneur, du peu de considération dont nous jouissons chez

nos voisins ; entrons maintenant dans quelques détails particuliers
à chacun des pays avec lesquels nous sommes en rapport, à
commencer par le Cayor.

Le Cayor, le pays le plus proche de nous, le pays qui alimente
à lui seul le commerce de détail de la colonie, est dominé par
quelques centaines de pillards. Ils agissent au nom du Damel,
chef suprême du pays, et ils commettent toujours plus d'excès
qu'il ne leur en a été commandé. Au moindre signal, ils se portent
sur un village au milieu de la nuit, et, profitant de la panique
occasionnée par les cris des femmes et des enfants, ils s'emparent
de tous les habitants qui leur tombent sous la main ; ils vendent
ces malheureux aux Maures, et la valeur en provenant est le plus
souvent employée à l'achat de quelques barriques d'eau-de-vie.
Tout est ainsi livré au caprice de quelques ivrognes. Les cultivateurs, craignant à tout moment de se voir ravir le fruit de leur
travail, ne s'attachent qu'à récolter le strict nécessaire pour leur
entretien, et encore ont-ils le soin de convertir en argent ce qu'ils
possèdent, afin de ne point exciter la cupidité des *Tiédos*. De
grands intérêts nous lient cependant aux populations de ce pays ;
mais notre insouciance est telle à cet égard, que nous paraissons
à peine nous en douter. Il n'en est pas moins vrai que le Cayor
est aussi important pour nous que le Fouta, et peut-être l'est-il
davantage : depuis longtemps il fournit assez de mil pour la nour-
riture des habitants de Saint-Louis et de Gorée, et produit en
arachides de quoi charger, chaque année, une trentaine de navires. Et si on savait au prix de quels sacrifices les habitants du
Cayor obtiennent ce résultat, on aurait une tout autre idée de
ce pays, auquel on daigne à peine prêter un peu d'attention. En

effet, ces pauvres gens ont, indépendamment des soucis inhérents
à toute entreprise, quelque minime qu'elle soit, une inquiétude
de tous les instants, car ils savent qu'en un clin-d'œil leurs trou-
peaux, leurs récoltes, et même leurs personnes, ils savent que
tout cela peut leur être enlevé, de jour, de nuit, suivant le caprice de quelques scélérats; ils ont, en outre, à se défendre contre
l'insatiable rapacité des envoyés du Damel, qui, sous le prétexte
de prélever l'impôt, leur enlèvent arbitrairement le quart des récoltes; ils ont à résister encore aux obsessions des chefs de village
qu'ils rencontrent sur leur route, et paient en sus, pour frais de
transport de leurs arachides, jusqu'à 50 p. 100; de telle sorte
qu'en arrivant à Saint-Louis ou à Gorée, ces malheureux se trou-
vent avoir perdu en chemin les trois quarts de leur avoir.

Il nous serait facile de porter remède à un état de choses aussi
déplorable, et nous verrions sous peu tripler et quadrupler
la production du Cayor. Il s'agirait tout simplement de faire
prendre les ivrognes qui saccagent le pays en prélevant à tout
moment des impôts arbitraires auxquels ne participe même pas
le Damel; de donner à ce dernier, car il ne demande que repos
et tranquillité, suffisamment d'eau-de-vie pour sa consommation
annuelle, et de nommer nous-mêmes les chefs de ses principaux
villages, avec défense de prélever aucun impôt et de commettre
la moindre injustice; de faire annoncer au peuple qu'il est placé
à l'avenir sous la protection du Gouvernement français, et qu'un
seul impôt sera prélevé par ses soins pour compte du Damel et
des différents chefs du pays. Bien des incrédules souriront sans
doute en nous voyant faire une semblable proposition; mais elle
n'en sera pas moins praticable dès qu'on le voudra sérieusement,
et, nous en sommes sûrs, il résultera, un jour, de l'emploi de ce

moyen une source de prospérité et de richesse pour notre pays. Mais, jusqu'à présent, bien loin de protéger la population du Cayor contre les brigandages des soldats du Damel, nous nous sommes laissé dominer nous-mêmes par ces derniers, par une crainte dont on chercherait en vain à expliquer la cause. Le Damel s'en est bien aperçu ; aussi, toujours sûr de l'impunité depuis le massacre qu'il a fait de quelques-uns de nos soldats en 1825, il se croit plus fort que les Français et les brave en toute occasion. La coutume que nous lui payons, comme à tous les autres chefs riverains, contribue sans doute à affermir chez lui cette croyance [1].

Quoi qu'il en soit, il y a ceci de certain : c'est qu'il tient peu compte de nos réclamations, et, pour preuve, nous pourrions citer, en passant, l'enlèvement fait par lui à Salis, près de Rufisque, de plusieurs personnes libres de Gorée, qu'il a vendues

---

[1] Il ne sera peut-être pas sans intérêt de faire connaître l'origine des *coutumes* payées annuellement au Damel. Voici ce que dit à ce sujet M. Durand, ancien directeur de la Compagnie du Sénégal. Après avoir raconté comment M. Bruë fit la guerre au Cayor (avec bien peu de moyens) et obligea le Damel, après huit mois de résistance, à demander la paix, et comment M. Bruë se disposait à l'enlever (sur son refus de restituer des pillages) pour l'envoyer vendre à Saint-Domingue, M. Durand ajoute : « Au même » moment, M. Bruë fut rappelé en France. M. Lemaître, son successeur, était un homme » faible, hors d'état de prendre et de soutenir une résolution vigoureuse. Damel s'en » aperçut, et, sans perdre de temps, il recommença la guerre. M. Lemaître fut épou- » vanté. Il oublia les recommandations de M. Bruë. Il pouvait réprimer l'audace du Da- » mel, le punir de sa mauvaise foi et de sa perfidie ; il préféra de se soumettre et de né- » gocier un accommodement. Il le conclut de la manière la plus humiliante : il prit l'en- » gagement de payer *tous les ans au roi du Cayor cent barres de fer* pour avoir la permis- » sion de prendre de l'eau et du bois sur ses terres et d'y traiter des vivres ; *cette coutume* » *s'est accrue successivement.* »

aux Maures et que, depuis cinq ans, il s'obstine à ne pas rendre.
Sous le plus léger prétexte, il interrompt ses relations commer-
ciales avec nous, et pille quiconque nous apporte des produits ;
parfois aussi nos courriers se rendant à Gorée sont complètement
dévalisés. Mais tout cela n'est rien ; ses prétentions vont plus
loin encore. Il considère comme siens les navires naufragés sur
la côte, et refuse formellement de nous en laisser faire le sauvetage ; comme preuve récente, nous pouvons citer la perte du
Sea-Mew, navire américain, qui se jeta, l'année dernière, dans la
baie d'Yof. Ce navire avait une cargaison composée de tissus,
de tabac et d'eau-de-vie. Les gens de Rufisque, village voisin de
Gorée, se transportèrent sur le lieu du naufrage et se mirent en
train à tout mettre à terre. Sommés par le représentant du Bureau
de la Marine de Gorée de ne point toucher au navire, ils se con-
tentèrent, avec l'audace qui leur est ordinaire, d'indiquer le chemin
de Gorée à l'envoyé du Gouvernement français, et ils continuèrent
paisiblement le débarquement. Le représentant de l'Administration rentra à Gorée ; mais aucun navire de la station ne fut re-
quis, sinon pour sauver les marchandises, du moins pour y
mettre le feu ; de sorte que cette riche cargaison approvisionna
le Cayor, au grand détriment du commerce français de Saint-
Louis et de Gorée. Cependant, le Damel menaçait les gens de
Rufisque d'un pillage général, s'ils ne lui remettaient les marchandises sauvées du navire américain ; dans cette crainte, les
habitants de Gorée établis dans ce village se retirèrent précipi-
tamment. Ce fut alors que le chef de Rufisque, se voyant en
danger, offrit au commandant de Gorée les marchandises moyennant protection contre le Damel ; mais le commandant ne put
prendre sur lui de répondre favorablement à cette proposition, et
tout fut perdu. Nous devons ajouter que l'équipage du *Sea-Mew*

fut maltraité par les noirs du Cayor et dépouillé de tout. Quelques mois après, une corvette américaine mouillait en rade de Gorée; le commandant de ce navire refusait de croire que le pillage du *Sea-Mew* eût été commis presque en vue du pavillon français; il lui fallut bien s'en convaincre cependant. Il se disposait à brûler le village de Rufisque, mais on lui fit observer que Damel seul était coupable. Comme ce chef demeure dans l'intérieur, le commandant de la corvette américaine dut aller prendre les instructions de son commodore.

C'est là un fait isolé, auquel on pourrait en ajouter d'autres : ainsi, tout dernièrement, après la perte de *l'Aglaïa* sur la barre, des noirs sont arrivés à Gandiol, soi-disant de la part du Damel, pour réclamer les arachides sauvées de ce naufrage; ils ont poussé l'audace jusqu'à ouvrir les sacs des commerçants de Saint-Louis, afin de s'assurer si ces sacs ne contenaient pas des arachides avariées par l'eau de mer et de s'en emparer. Mais nous n'en finirions pas si nous voulions citer les faits qui sont à notre connaissance; nous nous bornons à demander qu'à l'avenir, on brûle tout navire échoué sur la côte lorsqu'on n'en pourra pas opérer le sauvetage. Si on ne prend pas ce parti, le commerce éprouvera un dommage considérable à la suite de chaque naufrage, à cause de la mise en circulation dans l'intérieur d'une grande quantité de marchandises dont le prix de revient est nul. Depuis la perte du *Sea-Mew* dans la baie d'Yof, et celle de *l'Élisa* sur la barre du Sénégal, la consommation du tabac, auparavant très-importante à Saint-Louis et à Gorée, est devenue pour ainsi dire nulle : c'est un fait que peuvent attester tous les commerçants de ce pays.

Telle est à peu près notre situation vis-à-vis du Cayor : quelques centaines de brigands à peine armés le tiennent sous le joug, parce que la population de ce pays, dès longtemps façonnée à la servitude et à l'arbitraire qui en résulte, ne conçoit pas un état social meilleur et se laisse dépouiller sans résistance. Par nous ne savons quel motif, la population sénégalaise elle-même a subi cette passive influence du voisinage, et elle a constamment exagéré la puissance des *Tiédos* du Cayor. La vérité est cependant, s'il faut en croire le témoignage des personnes qui ont acquis cette conviction sur les lieux mêmes, la vérité est que ces *Tiédos* n'ont ni force ni courage, et, quand nous le voudrons, nous rétablirons l'ordre dans le Cayor, sans nous déranger, à la satisfaction de tous les noirs cultivateurs et du Damel lui-même.

Nous n'avons pas plus d'influence dans le Wallo, dans ce pays concédé à la France en 1819, et que nous avons abandonné aux Maures ; aussi les habitants de ce pays disent-ils, avec une apparence de raison, que nous sommes moins puissants que les Maures, car, s'il en était autrement, nous ne laisserions pas dévaster notre propriété, sous les yeux même des représentants du Gouvernement. En effet, malgré les traités, malgré ces fameux traités qu'on nous prêche tant d'exécuter, et que depuis plus de vingt ans les Maures ne cessent de violer de la manière la plus flagrante, malgré ces traités, le Wallo n'est pour les Trarzas qu'un pays conquis, et ils le taillent à merci, avec notre consentement tacite. Aussi ce pays, si puissant il y a une trentaine d'années, et auquel les Maures payaient tribut pour avoir le droit de boire de l'eau du fleuve, ce pays est aujourd'hui misérable, improductif et presque entièrement dépeuplé. Les Maures lui imposent d'abord un tribut, ensuite ils le parcourent en vainqueurs

féroces, saccagent les villages, et emmènent une partie des habitants en captivité. Inutile de dire que le mil, les bestiaux sont
choses qui appartiennent aux Maures ; ils s'arrogent, en outre,
le droit de saisir aux noirs les gommes récoltées dans les forêts
du Yoloff, mais ils prétendent avoir ce droit en vertu des traités
passés avec nous, et d'après lesquels le monopole de la vente des
gommes leur appartient. Quoi de plus navrant et de plus humi-
liant à la fois — nous en appelons aux commandants des escales
— que d'être témoins, tous les ans, de l'enlèvement, par les
Maures, de cette population du Wallo qui tend des bras sup-
pliants vers le pavillon français, et de voir, au contraire, des
traitants fournir avec empressement leurs embarcations pour traverser sur l'autre rive ces victimes de l'audace et du pillage ?
Quoi de plus pitoyable que cette garde montée par quelques
Maures déguenillés, autour de notre poste de Mérinaghen, dans
le but d'empêcher les gommes d'arriver à notre comptoir, au
point d'obliger les noirs à nous les apporter en cachette pendant
la nuit ?... Mais il serait trop long d'énumérer les méfaits de ces
véritables brigands. Pour être, d'ailleurs, complètement renseigné
à ce sujet, il faudrait consulter les officiers qui ont commandé
nos postes du fleuve depuis dix ans. Et ne croyez pas, Monsieur
le Gouverneur, que nous voulions exagérer le mal ; nous désirons
seulement vous en faire connaître l'étendue, afin que vous pre-
niez des mesures pour l'anéantir. Nous ne voulons pas davantage
faire retomber sur votre administration les abus dont, plus que
nous, vous déplorez l'existence ; nous savons trop bien que c'est
là un legs du passé, qu'il n'a pas dépendu de vous de pouvoir
repousser ; mais votre gloire sera d'en faire disparaître la cause
et par suite les effets désastreux. Nous ne pouvons donc vous
dissimuler l'état désespéré dans lequel se trouve réduit le Wallo,

notre protégé et allié d'autrefois, devenu depuis indirectement
notre victime ; non plus que l'audace envahissante des Maures,
de ces poltrons feignant d'avoir du courage quand ils se savent à
l'abri des balles, mais d'une lâcheté proverbiale en rase campa-
gne, face à face avec leur ennemi.

Si, après avoir considéré l'état de désolation et d'abandon de
ce pays de Wallo, à l'agonie duquel nous assistons en spectateurs
indifférents, nous venons à jeter les yeux sur le Fouta, nous aper-
cevons de ce côté, avec des sentiments d'un ordre bien différent,
un état de choses bien autrement intolérable. Là nous trouvons
l'insolence la plus révoltante jointe à la dernière lâcheté, et cependant nous dévorons en silence des insultes tous les jours renou-
velées. Tous les jours, les Toucouleurs arrêtent nos bateaux de
Galam, les pillent à main armée, et font subir aux équipages
les plus ignobles traitements. Chaque année, nos navires se rendant à Bakel sont retenus à Saldé, attendant le bon plaisir des
chefs, pendant huit, dix, quinze jours, pour acquitter le droit de
passage. Nous ne parlerons pas des épithètes grossières que ces
insolents fanatiques prodiguent à tous les blancs, y compris leur
Gouverneur, ni des attentions bienveillantes dont les premiers
sont quelquefois l'objet de la part de nos officiers ; car, depuis que
les abus contre lesquels nous nous élevons existent au Sénégal,
depuis lors, les officiers chargés de la police du fleuve ont mal-
heureusement cédé trop souvent, par la force des choses sans
doute, aux exigences du système dont ils poursuivaient l'ap-
plication, et cela n'a pas peu contribué à rendre arrogants
et audacieux les chefs avec lesquels nos traitants sont en con-
tact.

Qu'est-ce, cependant, que ce Fouta, que la pusillanimité de quelques individus nous a montré toujours si redoutable? C'est une agglomération de plusieurs provinces gouvernées théocratiquement et presque indépendantes les unes des autres, ayant cependant à leur tête un chef impuissant et déposé à tout propos, suivant le caprice ou l'intérêt de quelques courtisans; c'est la réunion d'un certain nombre de villages qui se considèrent comme indépendants les uns des autres, à preuve nos expéditions de Cascas et de Fanaye, dans lesquelles nous n'avons eu affaire qu'à des villages isolés : c'est enfin un pays très-étendu et tributaire des Maures, assez peuplé, mais incapable de mettre deux mille combattants sur pied, parce qu'il ne dispose pas de deux mille fusils; et même en aurait-il plusieurs milliers, qu'ils ne lui seraient d'aucune utilité, faute de poudre et autres munitions de guerre. Si le Fouta est aussi redoutable qu'on veut bien le dire, pourquoi se laisse-t-il dominer par quelques centaines de Maures Bracknas, auxquels il paie tribut? Mais ceux qui n'ont point intérêt à cacher la vérité savent bien ce dont est capable le Fouta; ils savent bien qu'il se montre lâche en présence du moindre appareil de force. Il y a deux ans à peine, il n'a pas fallu plus d'une cinquantaine de laptots bien décidés pour mettre en fuite, en descendant de Galam, un nombre très-considérable de Toucouleurs. Si les gens de Saint-Louis s'étaient toujours comportés de la sorte, depuis déjà longtemps le Fouta serait notre tributaire.

Si de la rive gauche nous passons sur la rive droite, nous rencontrons des peuples nomades d'une arrogance extrême, mais pour le moins aussi lâches et aussi impuissants que les Toucou-

leurs : ce sont les Maures, non les Maures d'autrefois, mais les
Maures d'aujourd'hui, bien inférieurs en tout à ceux de l'Algérie.
Et cependant on les craint au point de leur laisser faire à peu
près ce qu'ils veulent ; aussi nous considèrent-ils comme de vils
tributaires et deviennent-ils de plus en plus exigeants dans la
perception des coutumes que nous leur payons, sous les milliers
de noms et de prétextes dont se déguise la cupidité dans tous les
pays barbares.

Les Maures agissent en maîtres absolus aux escales où ils ap-
portent leurs gommes ; quand il leur plaît, ils frappent des con-
tributions, connues sous le nom de *cadeaux forcés*, sur les habitants du Sénégal ; et il n'est pas rare de voir nos commandants
d'escale prêter assistance aux chefs maures pour le recouvrement
de cet impôt. Maîtres du marché, ils font à leur gré la disette,
en arrêtant les gommes dans l'intérieur, jusqu'à ce que les traitants, accablés par les frais, consentent à demander grâce et à
abaisser le prix de leur guinée. Plus ils paraissent affamés, plus
les Maures mettent de lenteur à laisser arriver les gommes ; et
c'est ainsi qu'ils ruinent les traitants du Sénégal, toujours trop
disposés à céder aux exigences les plus arbitraires. Les Maures
ne respectent pas plus l'autorité sénégalaise qu'ils ne respectent
nos commerçants ; convaincus de notre infériorité, tant ils reçoi-
vent de nous de cajoleries et de caresses, ils ne nous font jamais
la moindre concession, et exigent au contraire, d'un air hautain,
ce qu'ils appellent leurs droits. Ils ont à l'égard des navires naufragés sur la côte la même prétention que les gens du Cayor ; ils
se disent propriétaires de ces bâtiments et de leur cargaison, et
même des matelots, qu'ils maltraitent et font esclaves, si nous ne
prenons soin de les racheter à un prix fort élevé.

Les Maures sont cependant de bien tristes guerriers, et ne valent pas mieux sous ce rapport que les habitants du Cayor et du Fouta ; leur force, s'ils paraissent en avoir, ne leur vient que de notre défaut de résistance dans les cas les plus légitimes. L'ancien gouverneur Quernel l'a bien prouvé, en les réduisant à demander la paix avec un seul bateau à vapeur et bien moins de forces que celles dont nous disposons aujourd'hui. N'avons-nous pas vu nous-mêmes, l'année dernière, les Trarzas, cette puissance si redoutée, nous demander du secours, en demander au Cayor et au Wallo, pour repousser une simple tribu de Dowiches ? Serions-nous donc moins à craindre que les quelques nomades venus du désert ? Nous savons bien que les Trarzas prennent pour prétexte de leur faiblesse la perte récente de leurs chevaux, mais de quel masque ne se déguise pas l'impuissance ! Cette perte les a-t-elle empêchés aussi d'intervenir, l'année passée, dans la querelle intérieure des Bracknas ? Ils n'ont pas seulement essayé de lever leurs tentes, et cependant les Trarzas se donnaient depuis longtemps comme arbitres de la destinée de leurs voisins ; ces voisins ne devaient pas changer de chef sans leur ordre ou sans leur bon plaisir, et, malgré cette prétention, tout le monde sait que les Bracknas ont accompli, chez eux, des remaniements politiques très-importants, sans être inquiétés d'aucune manière. Malgré tout cela, les Trarzas sont invincibles, nous disent bien des personnes avec une ingénuité des plus remarquables ; nous venons de faire voir jusqu'à quel point il est permis d'ajouter foi à une pareille assertion.

Voilà une faible énumération, Monsieur le Gouverneur, des abus qui se commettent depuis l'embouchure du fleuve jusqu'au poste de Bakel. Pour les faire complètement disparaître, il n'en faut aujourd'hui que la volonté, car on en a les moyens. Ce ne sera pas le commerce, soyez-en bien persuadé, Monsieur le Gouverneur, ce ne sera pas le commerce qui mettra des entraves à l'action de l'autorité. Vous pouvez être, au contraire, assuré de son concours, car il désire, et c'est là pour lui l'essentiel, il désire un arrangement définitif des affaires avec toutes les peuplades voisines, et, pour y arriver, il se soumet d'avance aux conséquences de la lutte qu'il y aura à soutenir. Il est d'ailleurs persuadé que cette lutte n'aura pas les proportions que certaines personnes veulent bien lui donner. Il pense, au contraire, qu'en obtenant un avantage marqué sur un point important, on verra les difficultés s'abaisser de tous côtés et les soumissions arriver en foule. Ce n'est pas, en effet, la force matérielle seulement qui agit puissamment sur les populations voisines, mais plutôt la réputation acquise par un hardi coup de main.

Le commerce pense donc tout naturellement que M. le Ministre de la Marine a mis à votre disposition, Monsieur le Gouverneur, des forces imposantes pour vous donner les moyens d'exécuter avec certitude de succès la promesse qu'il a faite aux négociants bordelais, promesse qui répond en substance à nos vœux les plus chers, et peut se résumer ainsi :

« Frapper un coup vigoureux, afin d'abattre l'audace des po-
» pulations riveraines, d'anéantir tous les vieux abus, et de fonder,
» à l'aide d'établissements créés sur la rive gauche du fleuve, un
» régime commercial large, reposant sur les assises du droit
» commun. »

Voilà ce que M. le Ministre nous a promis. Et cependant nous entendons dire à des personnes qui passent pour être bien informées, mais nous n'y croyons pas, car vous seul pouvez être dépositaire des secrets du Gouvernement, nous entendons dire et affirmer que tant de préparatifs, tant de forces réunies, tant de courages mis à réquisition, ne sont destinés qu'à protéger la construction d'un fort à Podor ; qu'une fois notre pavillon arboré dans l'île à Morphil, tout sera pour le mieux ; on laissera là une garnison, et notre armée se réembarquera paisiblement pour Saint-Louis.

Nous croirions faire injure à l'Autorité, si nous ajoutions foi à de pareilles suppositions, et nous ne nous y arrêtons pas. Ce serait, en effet, faire beaucoup trop d'honneur aux Toucouleurs et leur donner une importance qu'ils n'ont jamais eue, si, pour bâtir simplement un petit fort sur leur territoire, nous mettions deux mille hommes sur pied et un matériel d'armement aussi considérable. Vous savez mieux que nous, Monsieur le Gouverneur, que, pour obtenir un résultat pareil, il ne faudrait pas deux mille hommes, mais quelques compagnies d'infanterie et un ou deux bateaux à vapeur.

Vous savez également qu'un fort bâti dans de telles conditions, sans rien changer au système commercial et politique actuel, vous savez qu'un tel fort serait aussi nul pour l'extension de notre commerce que l'ont été jusqu'ici ceux de Richard-Toll, de Dagana et de Mérinaghen. Nous ne désirons un fort à Podor, ou sur *tout autre point du Fouta jugé plus convenable*, qu'à la condition d'y cultiver et d'y commercer librement, avec sécurité complète d'y être respectés, et d'obtenir par les soins de l'Autorité (pour en sauvegarder le principe) réparation de toute offense, sans jamais avoir égard à l'étendue du dommage.

Comme des bruits aussi absurdes que ceux dont nous venons d'avoir l'honneur de vous entretenir, Monsieur le Gouverneur, seraient de nature à faire naître de la défiance chez un certain nombre de vos administrés, et qu'il importe d'avoir le concours de tout le monde pour mener à bien une affaire qui intéresse à un si haut point le pays tout entier ; qu'il est, d'ailleurs, nécessaire de bien s'entendre sur le but à atteindre dans l'intérêt de tous, nous croyons convenable, Monsieur le Gouverneur, sans prétendre en aucune façon imposer notre manière de voir à l'Autorité, nous croyons convenable de vous exposer succinctement ce que nous désirons.

Supposant, en premier lieu, avoir affaire au Fouta, voici, sous forme de proposition, ce que nous désirons en obtenir :

« Depuis longtemps nous vous payons des coutumes, afin que
» vous protégiez nos commerçants, et vous ne cessez, au con-
» traire, de les arrêter, de les piller et de les insulter de la ma-
» nière la plus grave. Afin de mettre bon ordre à un état de choses
» aussi fâcheux (car vous prétendez ne pouvoir l'empêcher) et de
» ne point interrompre les bonnes relations existant entre votre
» Gouvernement et le nôtre, voici ce que nous vous proposons.
» Mais d'abord qu'il soit bien entendu que nous ne voulons pas
» nous emparer de votre pays, car cela serait injuste, et, en se-
» cond lieu, nous n'en avons pas besoin ; notre seul désir est de
» commercer avec vous, mais avant tout nous voulons être res—

» pectés. Nous désirons donc, à l'avenir, avoir le droit de nous
» établir depuis Gaé jusqu'à Galam, de cultiver tout le long du
» .fleuve une portion de terrain dont nous déterminerons ensemble
» les limites, et de bâtir des forts partout où nous jugerons con-
» venable. En revanche, le Gouvernement français vous don-
» nera, tous les ans, comme témoignage de sa satisfaction, un
» cadeau de. . . . ., moyennant lequel vous n'exigerez
» plus rien de nos navires, soit qu'ils fassent le commerce dans
» le Marigot ou dans le fleuve, soit qu'ils se rendent *simplement*
» *à Galam par Saldé.* Vous vous engagez, en outre, à faire res-
» pecter nos commerçants dans toute l'étendue du Fouta. et si,
» en cas d'offense, justice ne leur est faite vingt-quatre heures
» après nos réclamations, nous nous ferons justice nous-mêmes. »

Si le Fouta répond par un refus, nous pensons, Monsieur le
Gouverneur, que la force devra intervenir ; nous avons même
l'intime persuasion que ce pays ne nous respectera qu'après avoir
reçu une bonne leçon ; mais cette leçon ne peut devenir efficace
que par un séjour un peu prolongé de nos forces et par la destruction du village où demeure l'Almamy. Si jusqu'ici les Toucouleurs
ont fait peu de cas de nous, c'est qu'ils nous ont toujours vus
battre en retraite après leur avoir brûlé un village. En cas de
guerre avec le Fouta, nous vous prions de lui déclarer, dès le
début, Monsieur le Gouverneur, que tout esclave Toucouleur
venant se mettre sous la protection des Français pendant la durée
des hostilités, deviendra libre par ce seul fait, et qu'à l'avenir,
loin de payer des coutumes, nous imposerons, au contraire, un
tribut à tous les villages établis sur les bords du fleuve.

Nous devons particulièrement insister, Monsieur le Gouverneur, sur l'abolition des *coutumes de passage à Saldé;* de leur suppression ou de leur maintien dépend l'extension ou la ruine du commerce de Galam, car il lui est impossible, avec les frais énormes dont il est déjà grevé, par suite de la rareté des laptots, de payer à Saldé, pour simple droit de passage, dans un fleuve qui nous appartient, une somme de quinze cents francs par navire de soixante tonneaux. Tout le monde est à même d'apprécier l'injustice de cette coutume, imposée à son origine par le seul argument de la force, car, s'il en était autrement, il n'y aurait pas de raison pour que les Maures et les gens du Wallo ne nous fassent aussi payer des sommes énormes quand nous passons devant leurs territoires respectifs. Sans nous arrêter davantage à cette considération, dont personne ne contestera la valeur, nous ferons simplement observer que les Compagnies privilégiées payaient en tout quinze cents francs par an, tandis que, depuis cinq ans, le commerce libre paie de dix à quinze fois plus. Les prétentions des Toucouleurs ont même été poussées si loin, qu'ils ont voulu faire payer une coutume entière à tout navire allant à Galam et n'ayant à son bord que quelques ballots de marchandises.

Voilà pour le Fouta; et quant à ce qui touche nos futures relations avec les Maures, notre manière de voir à ce sujet peut se résumer dans la proposition suivante :

« Les commerçants du Sénégal désirant désormais s'établir sur
» les bords du fleuve, dans le Wallo et le Fouta, il ne nous est
» plus possible de maintenir les escales; mais afin de vous faci-
» liter la perception de vos droits de sortie, sans vous obliger à
» diriger les gommes sur des points désignés, nous vous propo-
» sons ce qui suit :

» A partir de cette année , le commerce de la gomme devient
» entièrement libre ; en conséquence , vous laisserez à vos mar-
» chands la liberté de porter leurs gommes partout où il leur
» plaira ; vous les protégerez et empêcherez qu'ils ne soient mo-
» lestés ou pillés en chemin. Vous n'aurez rien à réclamer de nos
» commerçants, sous quelque prétexte que ce soit. Moyennant
» fidèle exécution des présentes conventions , le Gouvernement
» français vous donnera chaque année , pour vous témoigner sa
» satisfaction , une somme de . . . .

» Comme nous tenons à exécuter à l'avenir les promesses que
» nous avons faites au Wallo, en vertu des traités par vous-
» mêmes reconnus, nous revendiquons le protectorat de ce pays
» pour la France ; en conséquence , à dater de ce jour, le Wallo
» ne vous paiera plus tribut. Vous pouvez continuer à commercer
» librement dans toute son étendue , mais défense formelle vous
» est faite d'y commettre aucun pillage. Désormais , tout Maure
» surpris comme pillard , dans le Wallo ou dans le Yoloff , sera
» livré à la justice française. »

Si ces conditions très-raisonnables ne sont point acceptées,
nous désirons, Monsieur le Gouverneur, que nos relations avec
les Maures cessent au même instant ; qu'un blocus les empêche
de traverser le fleuve et les force à rester chez eux ; qu'en même
temps il leur soit déclaré que, pendant la durée de la guerre, aucun esclave déserteur ne leur sera remis ; que, la force des armes
devant décider entre leurs prétentions et les nôtres , ils ne de-
vront pas s'étonner de ne pas recevoir de coutume à l'avenir ; et
qu'enfin nous tiendrons d'une manière rigoureuse à ce que nos

navires naufragés sur la côte soient respectés et nos équipages convenablement traités.

Si les Maures et les Toucouleurs veulent nous faire de la résistance, l'Autorité a à sa disposition suffisamment de forces pour les réduire en peu de temps et les contraindre à demander la paix. Si, au contraire, ces peuplades acceptent nos propositions, ce qui, en fin de compte, ne serait pas fort étonnant, dans ce cas, elles signeront des traités en présence de nos forces réunies, et apprendront par là que nous sommes à même de les faire tenir à leurs engagements.

Et, dès ce moment, soit que les coutumes soient supprimées ou maintenues, chacun sera libre de commercer dans tout le fleuve, à bord des embarcations ou dans des établissements à terre, sans avoir rien à payer à aucun chef riverain.

Nous ne terminerons pas, Monsieur le Gouverneur, sans vous prier d'arranger aussi les affaires du Cayor, quand le moment vous en paraîtra opportun. Nous vous avons fait connaître le mal; vous verrez, quoi qu'il advienne, à lui appliquer un remède énergique; car ce pays est d'une trop grande importance pour l'abandonner plus longtemps à la discrétion de quelques pillards. Nous pensons que rien d'important ne doit s'y accomplir sans notre permission, et que nous devons rassurer les paisibles cultivateurs de l'intérieur et leur prouver par des actes que le Gouvernement français est leur vigilant protecteur.

Nous vous avons exposé aussi succinctement que nous l'avons

pu , Monsieur le Gouverneur, les nombreux abus commis journellement autour de nous. Vous les ferez complètement disparaître, nous en sommes certains, et, à l'avenir, les chefs du Cayor,
du Wallo , du Fouta et de la rive des Maures , au lieu d'être
comme aujourd'hui insolents et féroces , n'obéissant qu'à des ins-
tincts de pillage et de destruction, seront plutôt des préfets dociles
et dévoués à l'Autorité sénégalaise,

C'est là une noble et grande mission que Monsieur le Ministre
de la Marine vous a mis à même de remplir, Monsieur le Gouverneur, en mettant à votre disposition des forces assez imposantes.
Aussi sommes-nous persuadés que la France vous devra sous
peu la conquête de cette nouvelle colonie, dont le territoire est
plus vaste que celui de l'Algérie , mais dont l'occupation ne nous
coûtera rien , parce que le fleuve , forteresse imprenable , nous
vaudra mieux qu'une armée.

Lorsque votre mission sera accomplie , vous retournerez sans
doute en France pour y jouir d'un repos dont vous aurez besoin
et recevoir la récompense due à vos éminents services. Convaincus que vous ne cesserez de vous intéresser à la prospérité d'une
colonie que vous aurez pour ainsi dire fondée, et que vous tiendrez
à honneur de voir continuer dignement votre œuvre , vous nous
permettrez, Monsieur le Gouverneur, de vous charger d'une mission dont vous seul pouvez assurer le succès. Vous avez vu par
vous-même , Monsieur le Gouverneur, combien le Sénégal est
difficile à gouverner ; des difficultés de toute nature surgissent
sous les pas de l'officier qui se charge de la direction de cette
colonie, car le Sénégal n'est pas un comptoir, comme on affecte
dédaigneusement de le dire, mais bien une véritable colonie ; non

pas une colonie comme la Martinique, la Guadeloupe et la Réunion, où l'on n'a qu'une administration intérieure d'une importance limitée, mais une colonie qui commande à un vaste conti-
nent. Le Sénégal est tout un État à gouverner, où, indépendamment des difficultés administratives, on a encore toute une politique extérieure à diriger, à conduire. Vous savez cela, Monsieur
le Gouverneur; vous savez le temps qu'il vous a fallu pour étudier
les affaires de ce pays, et vous savez aussi qu'en général, les
gouverneurs ne restent pas, en moyenne, plus d'un an et demi à
deux ans à la tête de l'administration : comment peut-il être possible de gouverner avec des changements aussi fréquents dans la
direction administrative et politique? Peu de gouverneurs veulent s'astreindre à suivre le système de leurs prédécesseurs ; cela
leur est même difficile, car ils ne peuvent s'en faire une idée
en quelques mois; de sorte qu'à défaut d'un plan traditionnel
et, par suite, d'une expérience qui ne s'acquiert qu'à la longue, ils
sont contraints, par la force des choses, de tout créer à nouveau,
et même quelquefois de se laisser entraîner par les événements,
n'ayant eu ni le temps nécessaire pour les conduire, ni celui de
les voir venir assez tôt pour y résister ; dès lors, tout souffre de
l'indécision apportée dans la direction des affaires.

Vous avez été à même d'apprécier les inconvénients de cette
situation pendant le cours de votre administration, Monsieur le
Gouverneur; afin d'empêcher le retour, à l'avenir, d'un état de
choses aussi préjudiciable aux intérêts du pays, nous vous sup-
plions de vouloir bien nous appuyer de tout le poids de votre influence auprès de M. le Ministre de la Marine, pour qu'après votre
rentrée en France, il nous donne des gouverneurs qui puissent
rester au moins sept ans à la tête de la colonie. Nous savons

4

bien, Monsieur le Gouverneur, que les officiers de la Marine impériale ne pourront guère accepter de pareilles fonctions à cause de leur durée; mais, dans ce cas, nous vous prions de demander un homme ayant déjà été à la tête d'un département ou ayant rempli quelque fonction diplomatique ou administrative.

Nous sommes avec un profond respect,

MONSIEUR LE GOUVERNEUR,

Vos très-humbles et très-obéissants serviteurs :

P. BANCAL.	GRANGES et Cie.	J.-P. DOMECQ.
A. TEISSEIRE.	G. CHAUMET.	J. SENGER.
H. MARTIN.	V. SENGER et Cie.	E. DE COUTURES.
F. MERLE.	E. BESSON.	V. LALLEMENT.
L. GROS.	GAILLARD aîné.	P. AVRIL.
D. BERNARD.	Lazre AVRIL.	G. LAFARGUE.
Laurt BRACHET.	MARQUS.	G. PELLEN.
LARRIEU.	Ch. BOURCARD.	E. DE CHATRÈTE.
Be DUMONT.	CORREZ.	RADIT père.
Ches BOUCALINE.	L. GRAS.	R. TRESSOL.
A. DESTIGNY.	G. CLOFULLIA.	Ate MORIAC.
WAGNER.	MASSALVE.	LENORMAND.
MONTLEZUN.	E. DESTIGNY.	Lovely SEIGNAC.
BOURCERET.	Jules JUGE.	BRÉGHOT DE POLIGNAC.
BECCARIA.	Mc MAUREL.	

Bien que n'appartenant pas à la population commerçante, je n'hésite pas à m'associer sans restriction aux remercîments et aux vœux exprimés dans le présent mémoire ; certain, d'ailleurs, que notre Gouverneur veut constituer à notre pays une vie nouvelle, y relever le pavillon français, dégagé de toutes coutumes, affranchi de toute servitude, lavé de toute tache de vasselage, et le maintenir, sur les deux rives du fleuve, haut, respecté, maître et souverain, de tributaire qu'il a été jusqu'à ce jour.

BRÉGHOT DE POLIGNAC.

Il n'a pas été jugé convenable de vous parler des affaires de Galam, Monsieur le Gouverneur, tant que celles dont nous nous occupons ne sont pas arrangées ; mais notre désir à tous, du moins je le crois, est de voir inaugurer à Galam, en temps et lieu, le régime commercial et politique qui va être inauguré par vos soins au bas du fleuve.

MARC MAUREL.

Saint-Louis, 11 février 1854.

www.ingramcontent.com/pod-product-compliance
Lightning Source LLC
Chambersburg PA
CBHW062314070726
47596CB00009B/1964